Name ______________________________

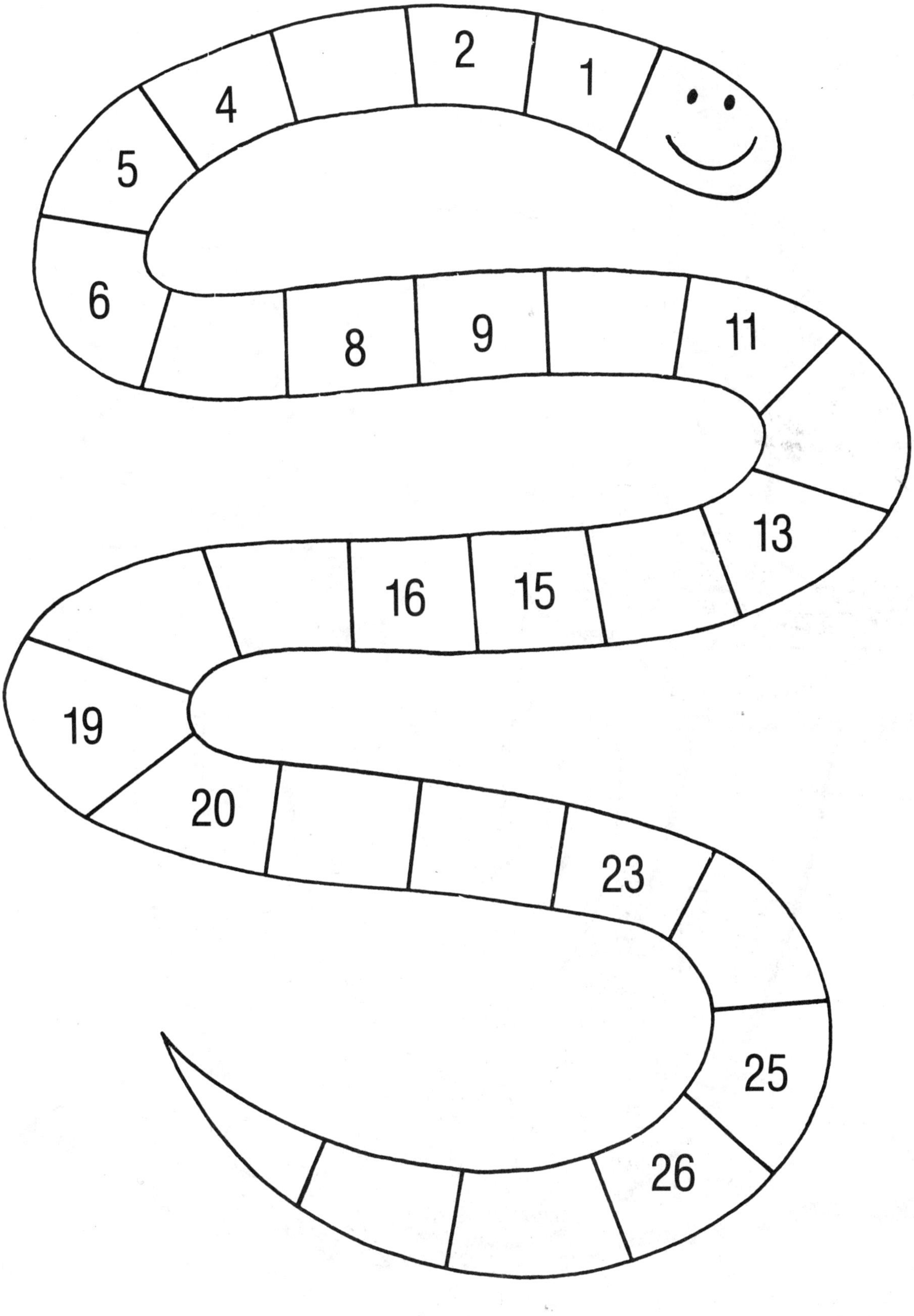

2 1

4

5

6

8 9 11

13

16 15

19

20

23

25

26

Name ___________________________________

START
1 + 6
4 + 3
2 + 2
1 + 2
0 + 2
3 + 3
0 + 6
5 + 1
6 + 2
5 + 3
3 + 2
4 + 2
4 + 4
4 + 0
1 + 4
5 + 0
7 + 0
8 + 0

Name ______________________________

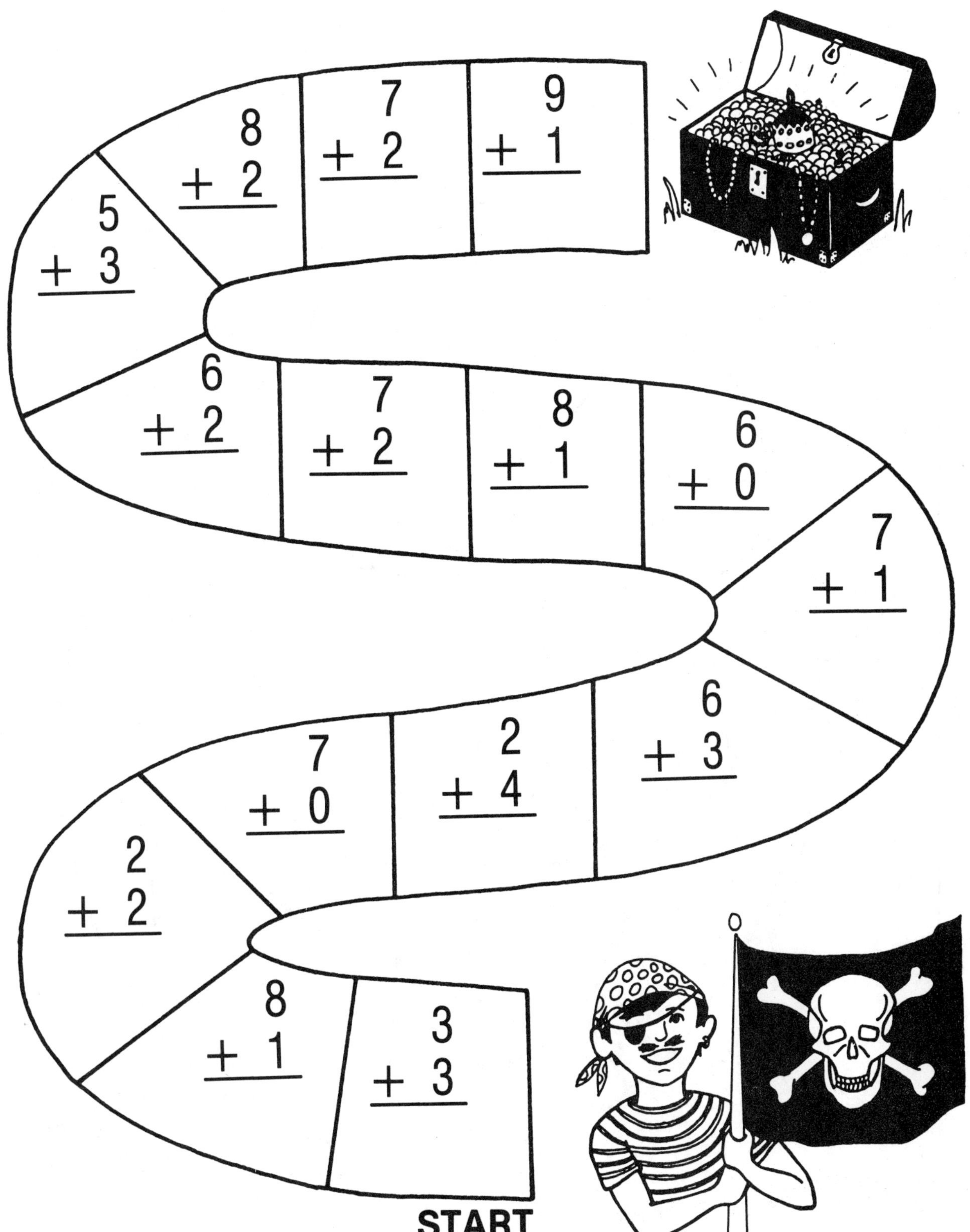
START
3 + 3
8 + 1
2 + 2
7 + 0
2 + 4
6 + 3
7 + 1
6 + 0
8 + 1
7 + 2
6 + 2
5 + 3
8 + 2
7 + 2
9 + 1

Name ______________________

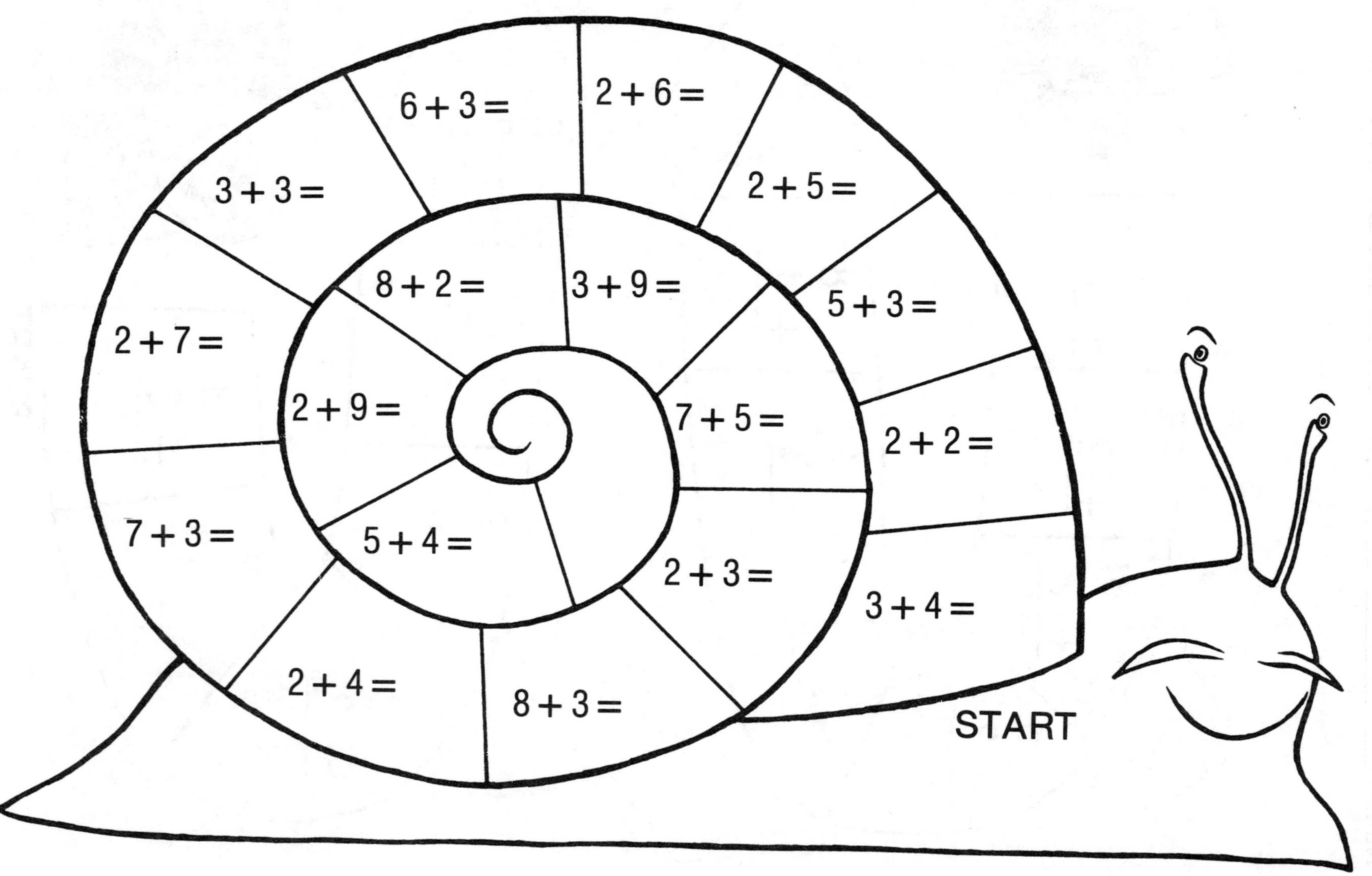
START
3 + 4 =
2 + 2 =
5 + 3 =
2 + 5 =
2 + 6 =
6 + 3 =
3 + 3 =
2 + 7 =
7 + 3 =
2 + 4 =
8 + 3 =
2 + 3 =
7 + 5 =
3 + 9 =
8 + 2 =
2 + 9 =
5 + 4 =

Name ________________________________

Write the answers on the line beside each hat.

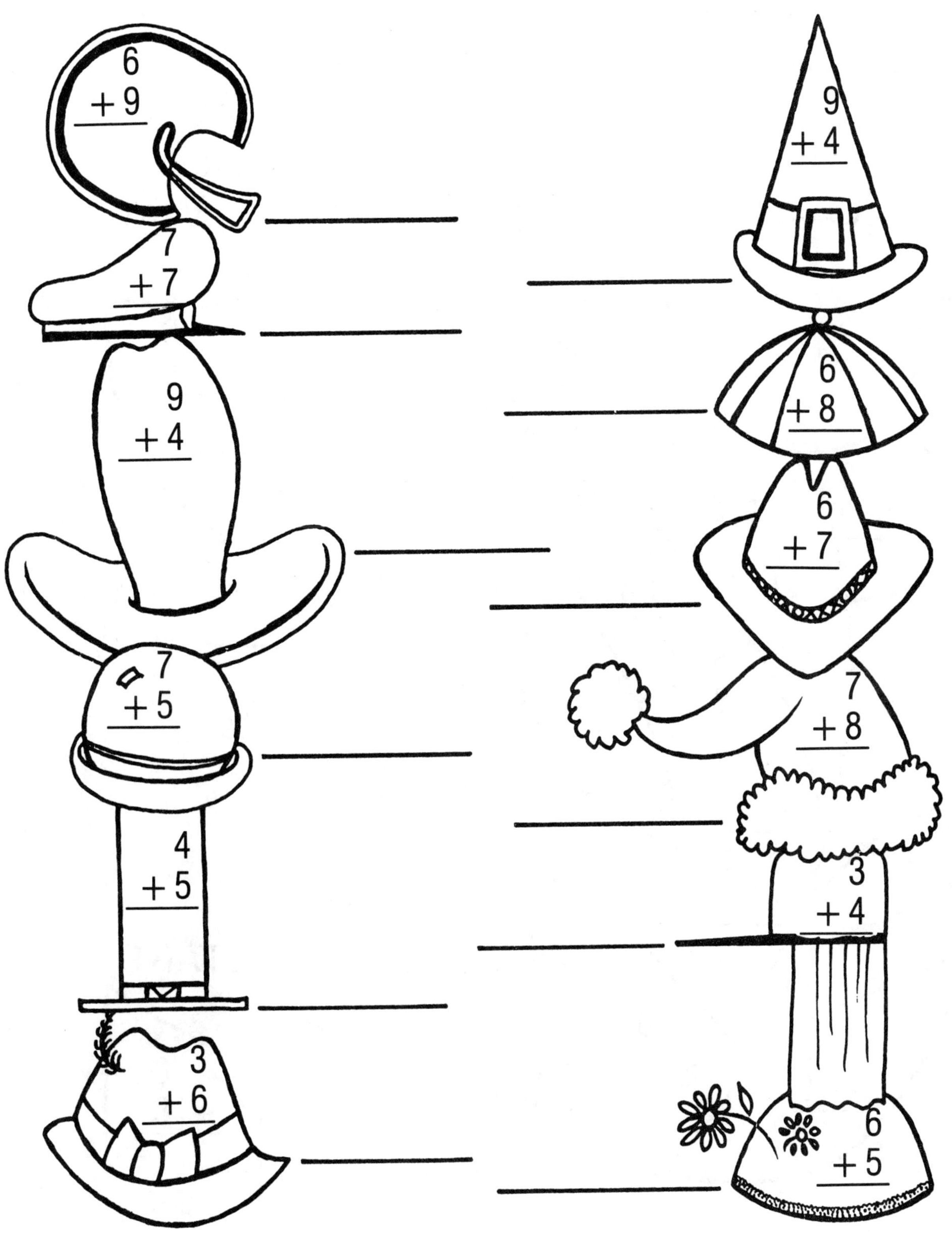
6
+ 9
7
+ 7
9
+ 4
7
+ 5
4
+ 5
3
+ 6
9
+ 4
6
+ 8
6
+ 7
7
+ 8
3
+ 4
6
+ 5

Name ____

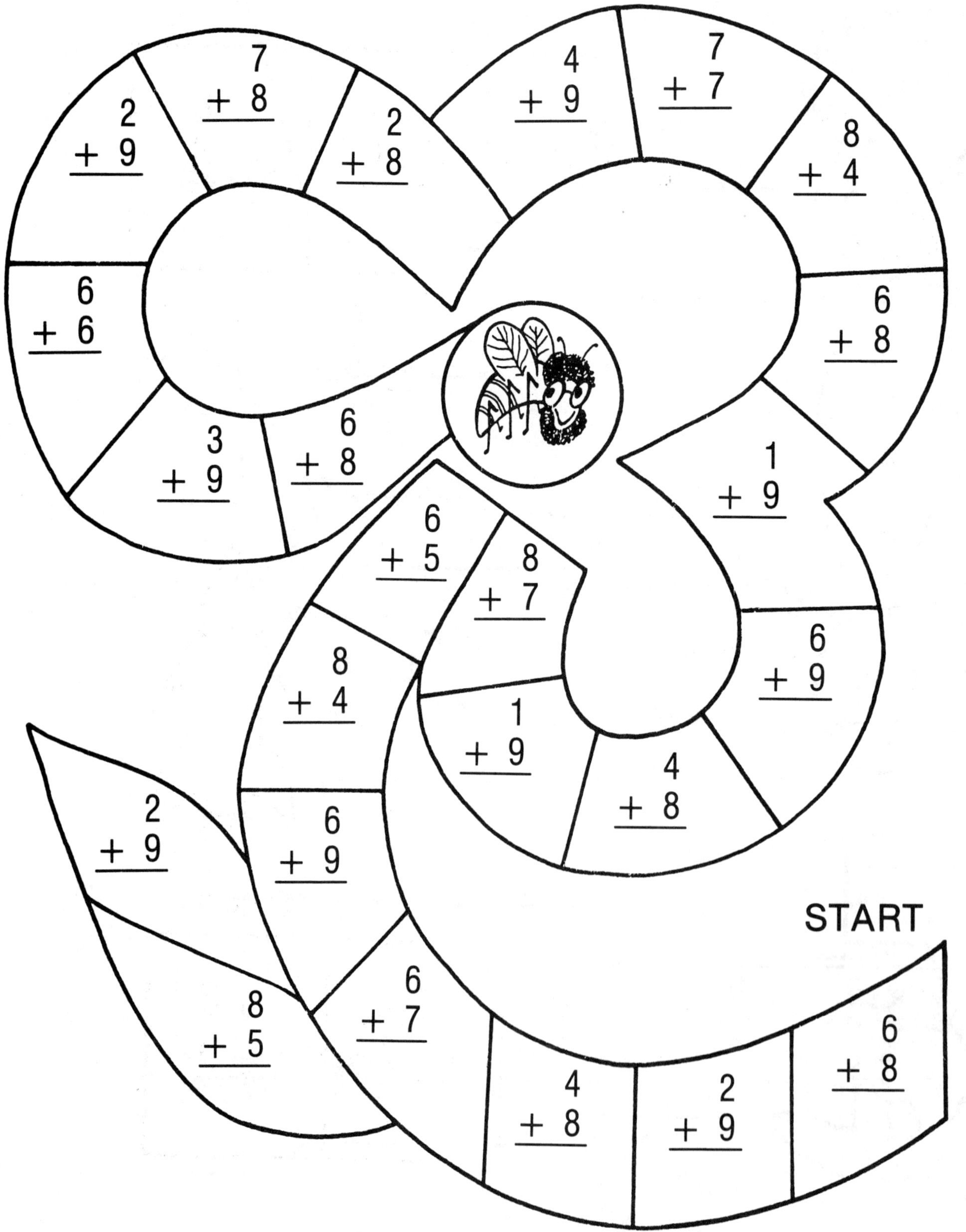
7 + 8
4 + 9
7 + 7
2 + 9
2 + 8
8 + 4
6 + 6
6 + 8
6 + 8
3 + 9
1 + 9
6 + 5
8 + 7
8 + 4
6 + 9
1 + 9
4 + 8
2 + 9
6 + 9
START
8 + 5
6 + 7
6 + 8
4 + 8
2 + 9

Name ______________________________

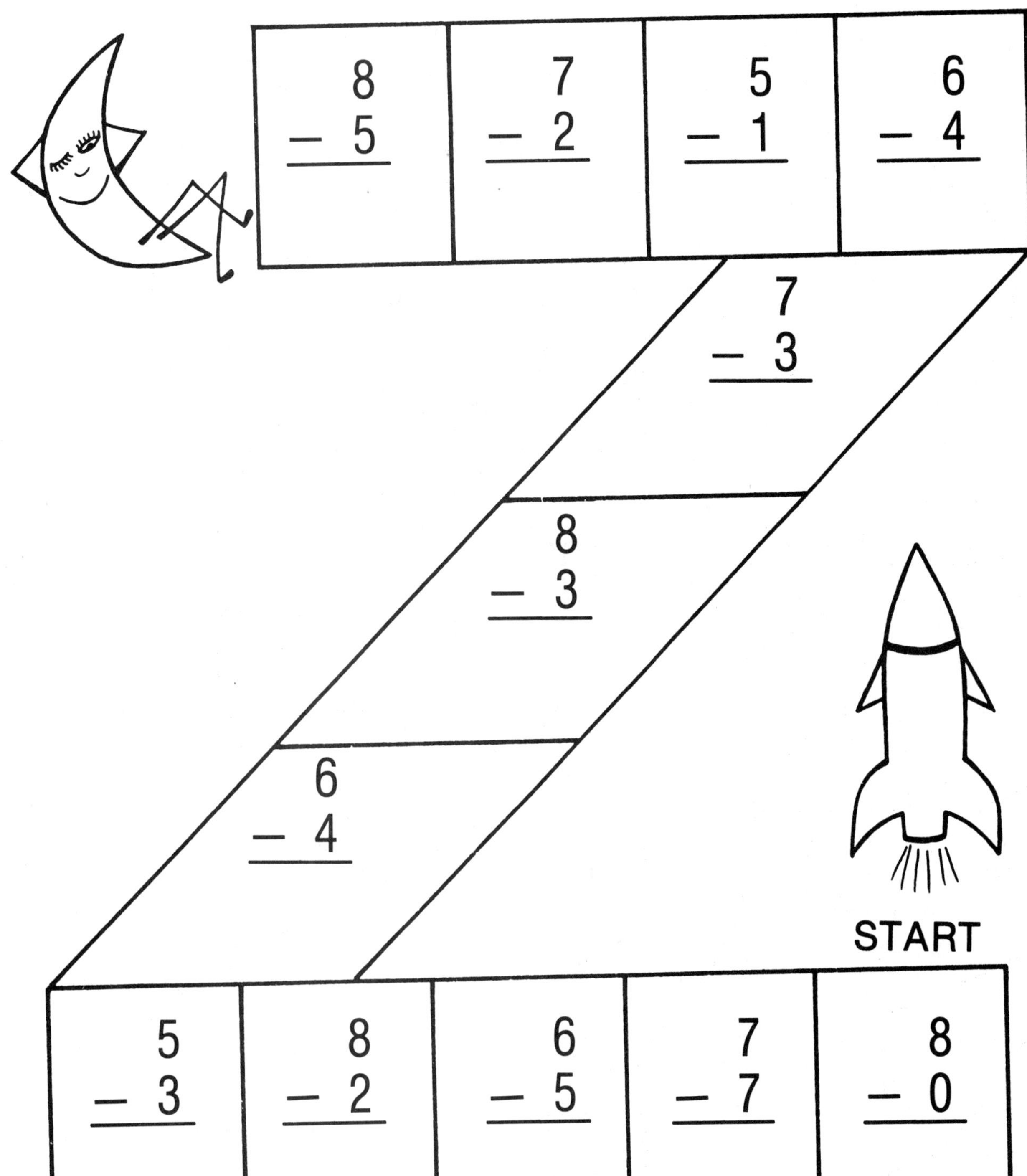

8 − 5
7 − 2
5 − 1
6 − 4
7 − 3
8 − 3
6 − 4
START
5 − 3
8 − 2
6 − 5
7 − 7
8 − 0

Name ______________________________

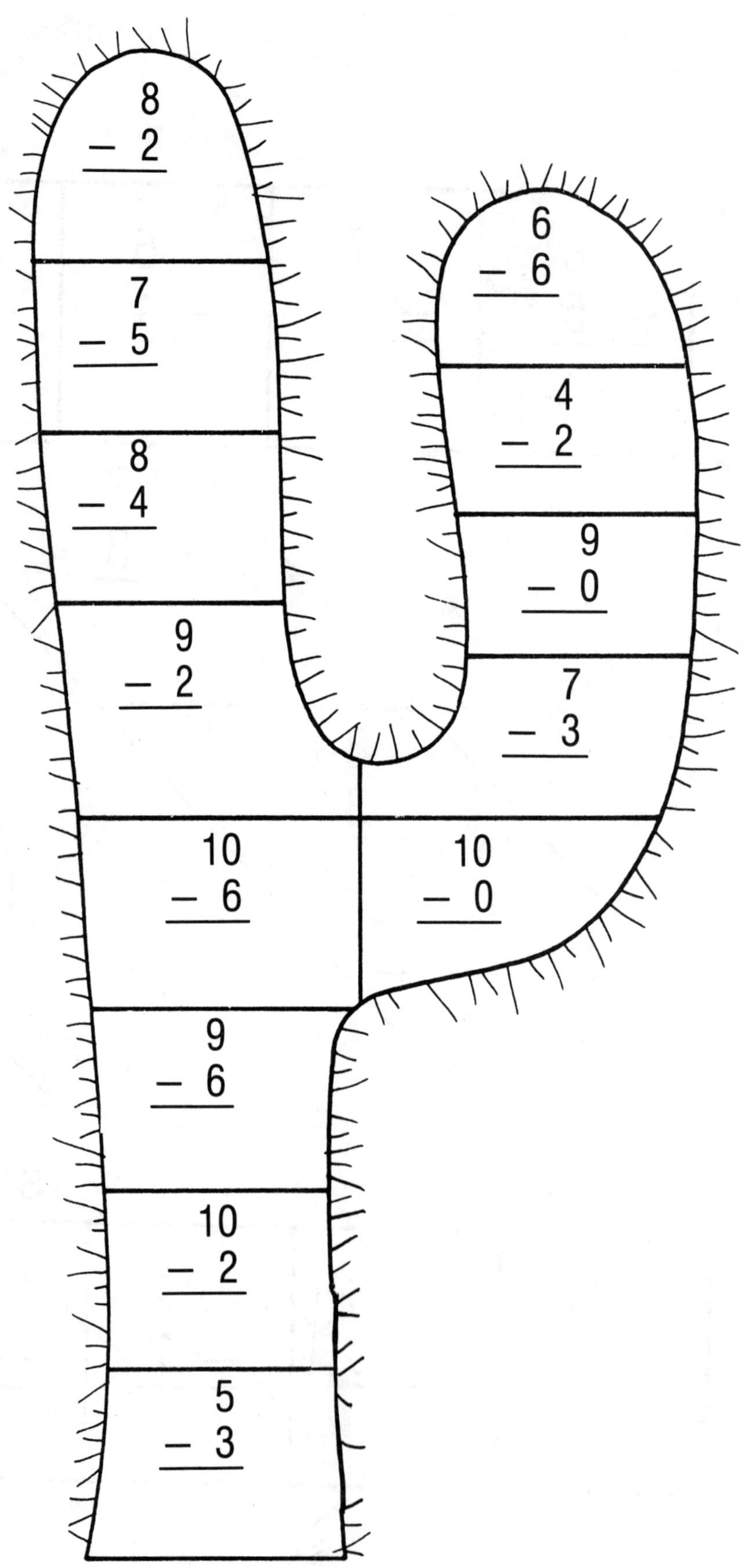

8
− 2
7
− 5
8
− 4
9
− 2
10
− 6
9
− 6
10
− 2
5
− 3
6
− 6
4
− 2
9
− 0
7
− 3
10
− 0

Name ______________________________

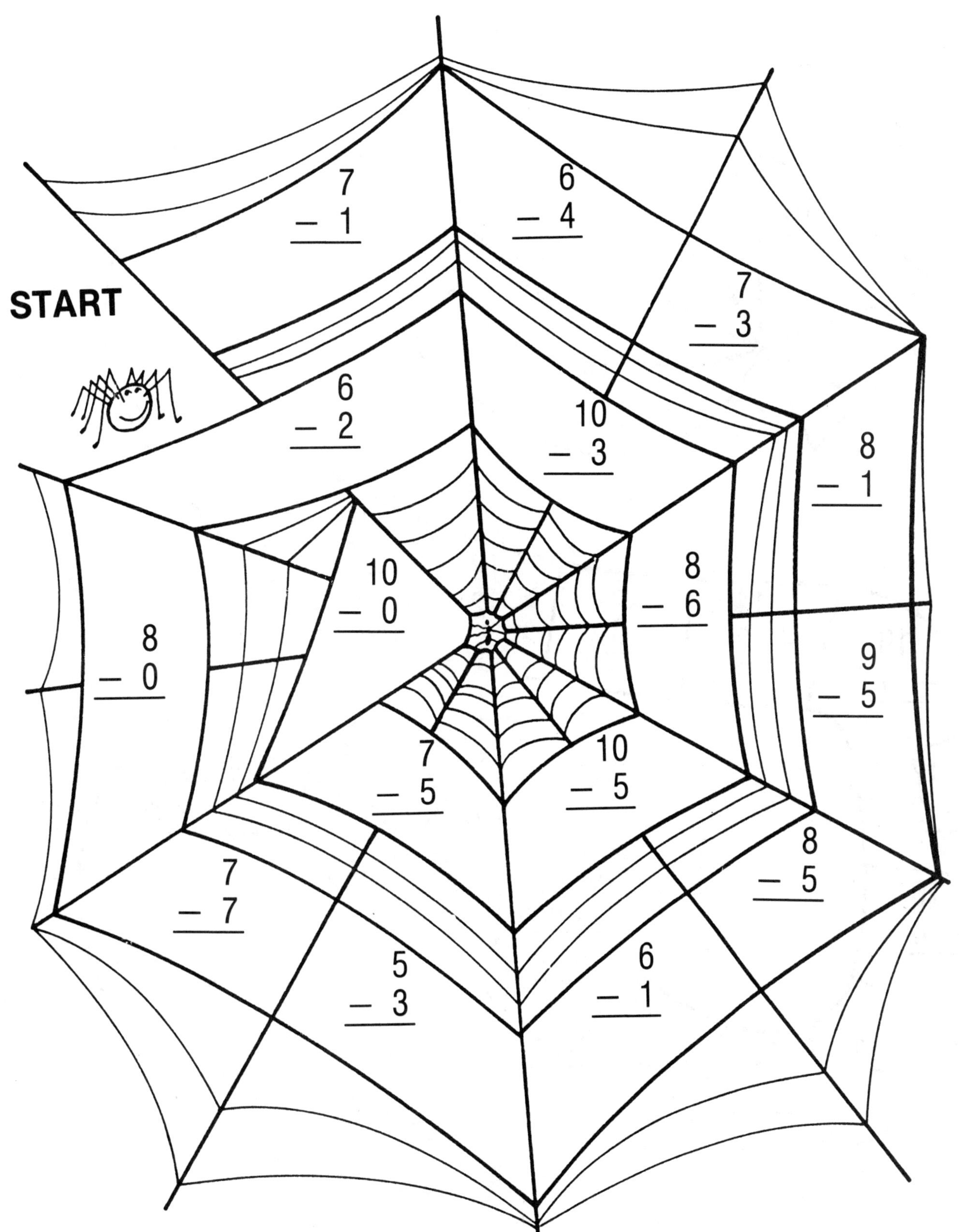
START
7
− 1
6
− 4
7
− 3
6
− 2
10
− 3
8
− 1
10
− 0
8
− 6
8
− 0
9
− 5
7
− 5
10
− 5
8
− 5
7
− 7
5
− 3
6
− 1

Name ____________________

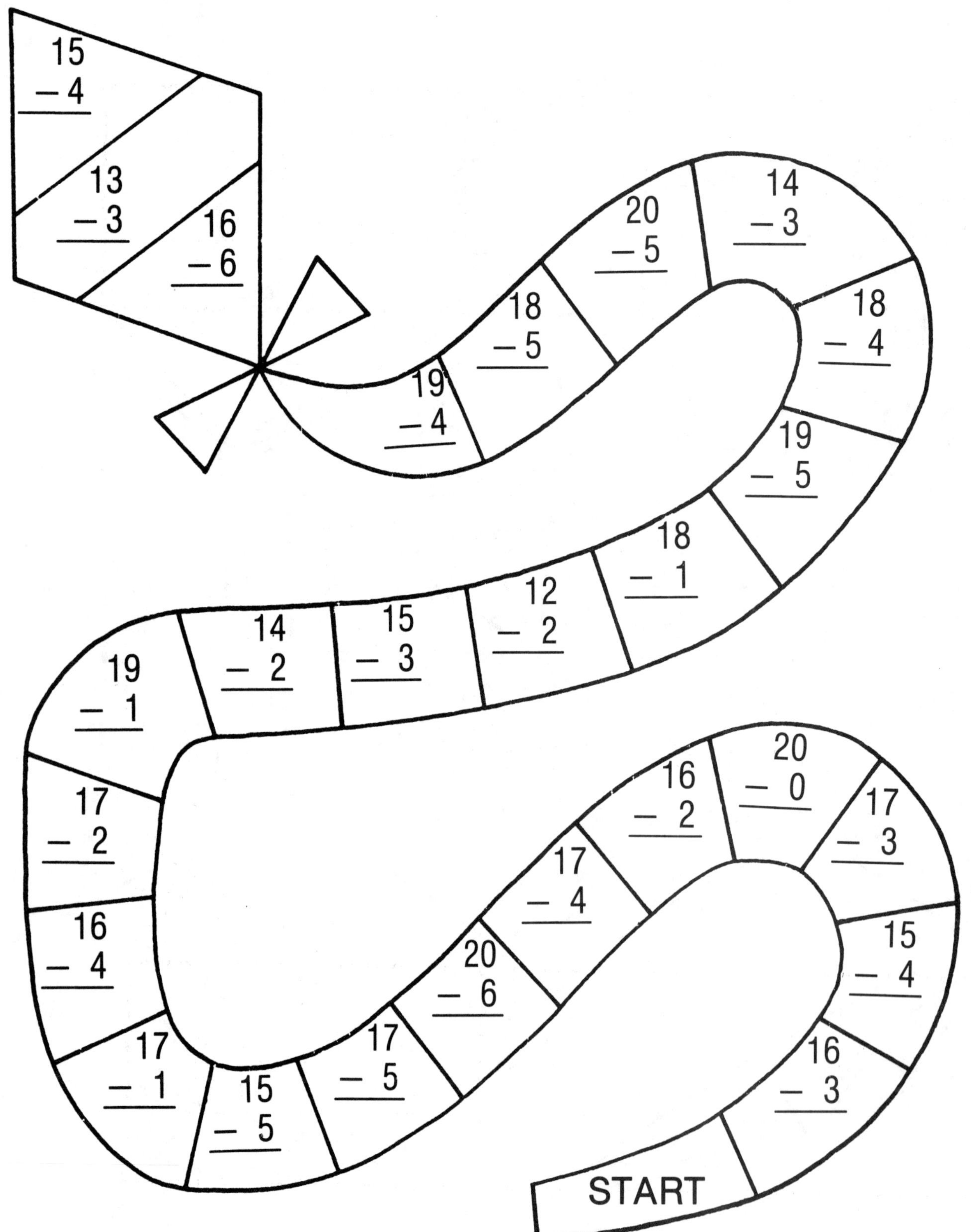

15
− 4
13
− 3
16
− 6
19
− 4
18
− 5
20
− 5
14
− 3
18
− 4
19
− 5
18
− 1
12
− 2
15
− 3
14
− 2
19
− 1
17
− 2
16
− 4
17
− 1
15
− 5
17
− 5
20
− 6
17
− 4
16
− 2
20
− 0
17
− 3
15
− 4
16
− 3
START

Name ______________________________

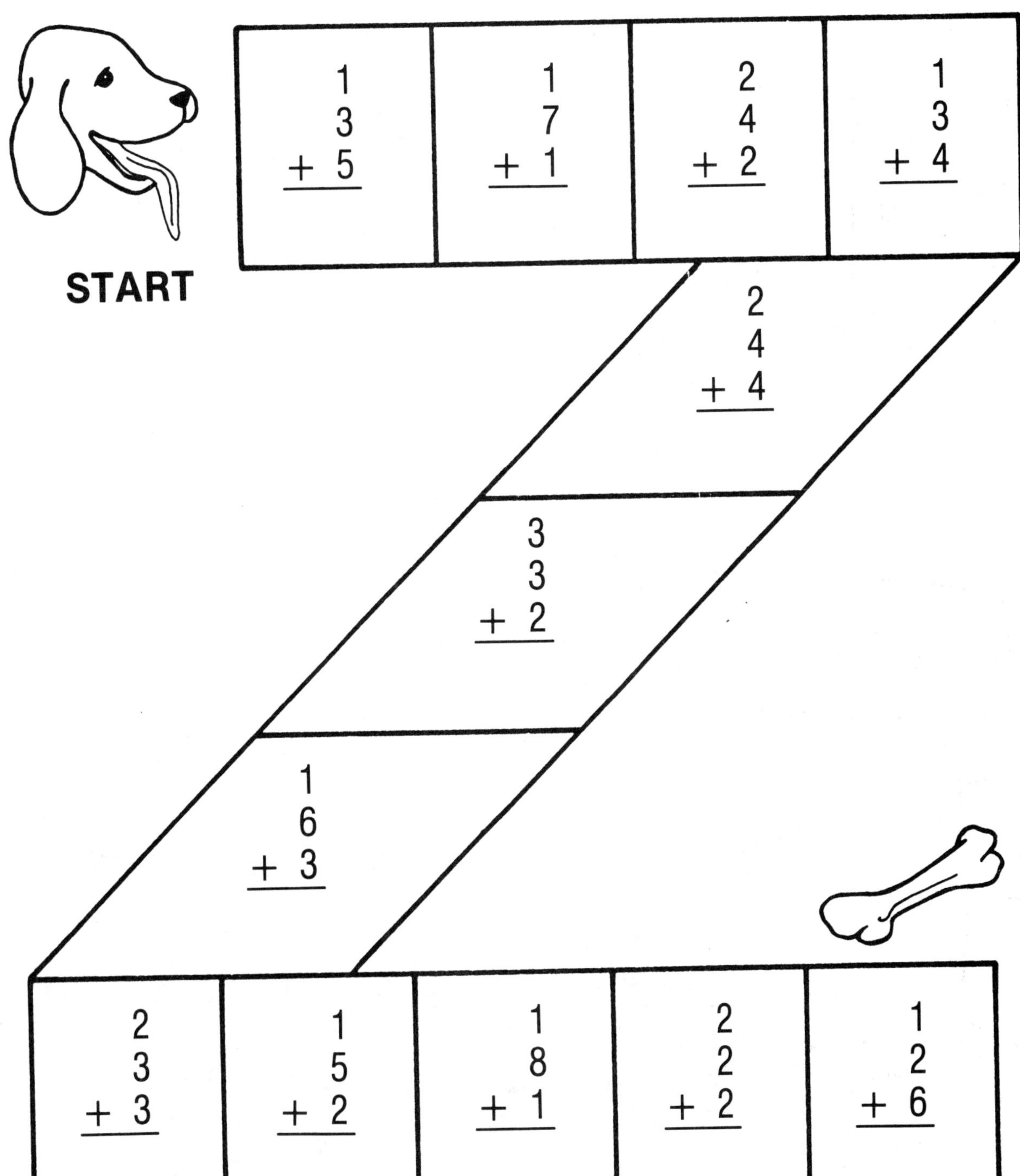
START
1 3 + 5
1 7 + 1
2 4 + 2
1 3 + 4
2 4 + 4
3 3 + 2
1 6 + 3
2 3 + 3
1 5 + 2
1 8 + 1
2 2 + 2
1 2 + 6

Name ______________________________

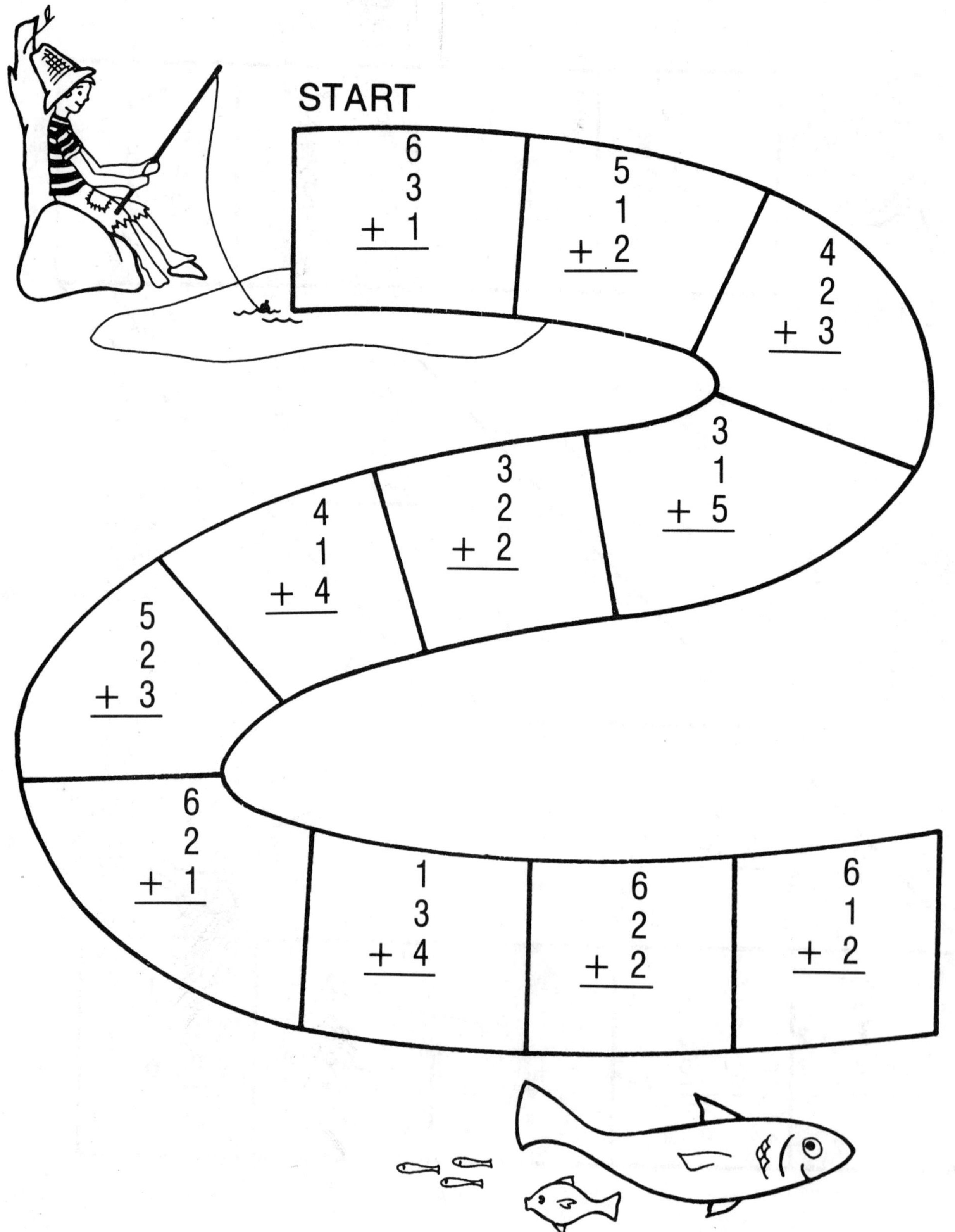
START
6 3 + 1
5 1 + 2
4 2 + 3
3 1 + 5
3 2 + 2
4 1 + 4
5 2 + 3
6 2 + 1
1 3 + 4
6 2 + 2
6 1 + 2

Name ________________________________

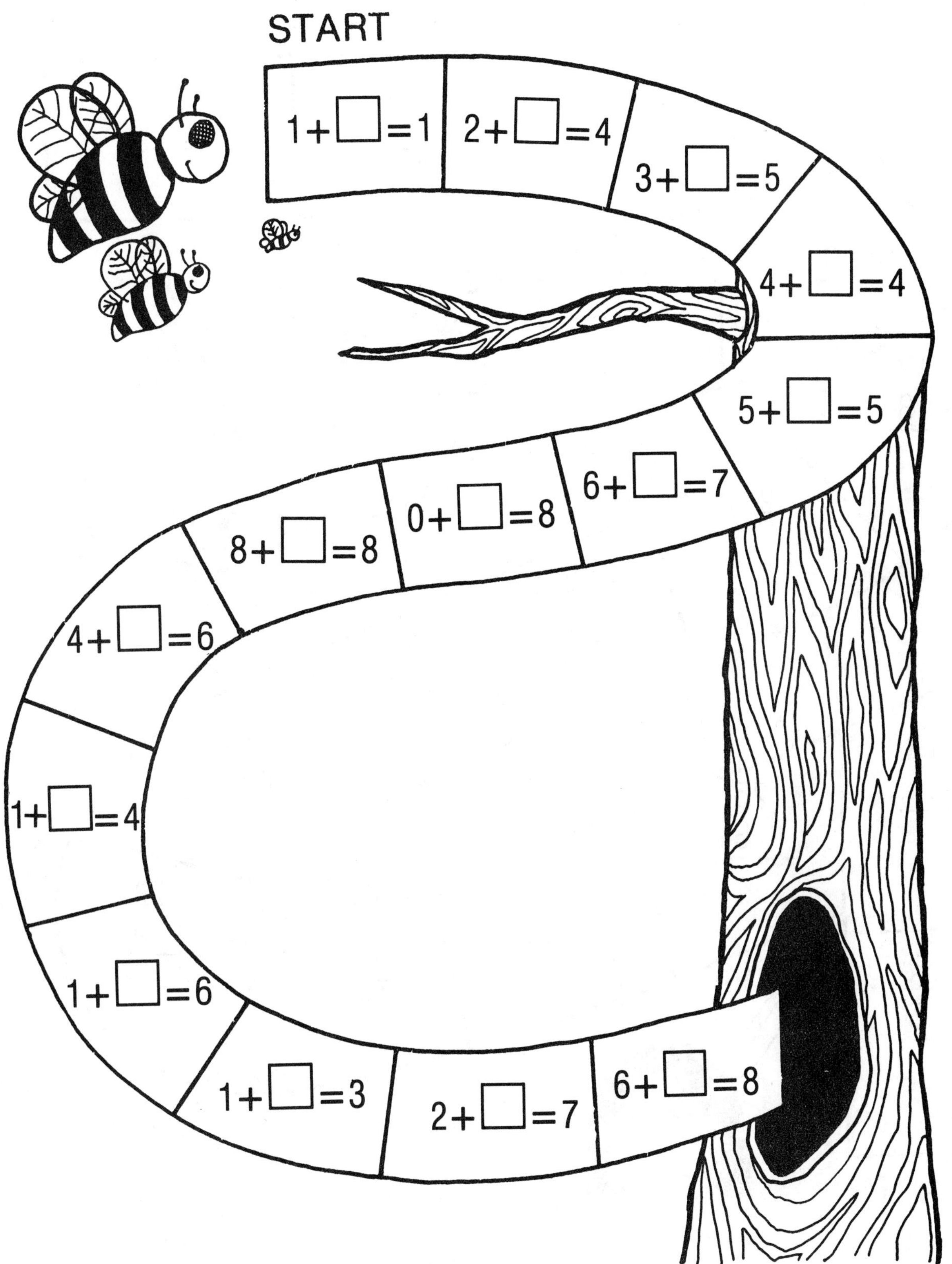
START
1+☐=1
2+☐=4
3+☐=5
4+☐=4
5+☐=5
6+☐=7
0+☐=8
8+☐=8
4+☐=6
1+☐=4
1+☐=6
1+☐=3
2+☐=7
6+☐=8

Name ______________________________

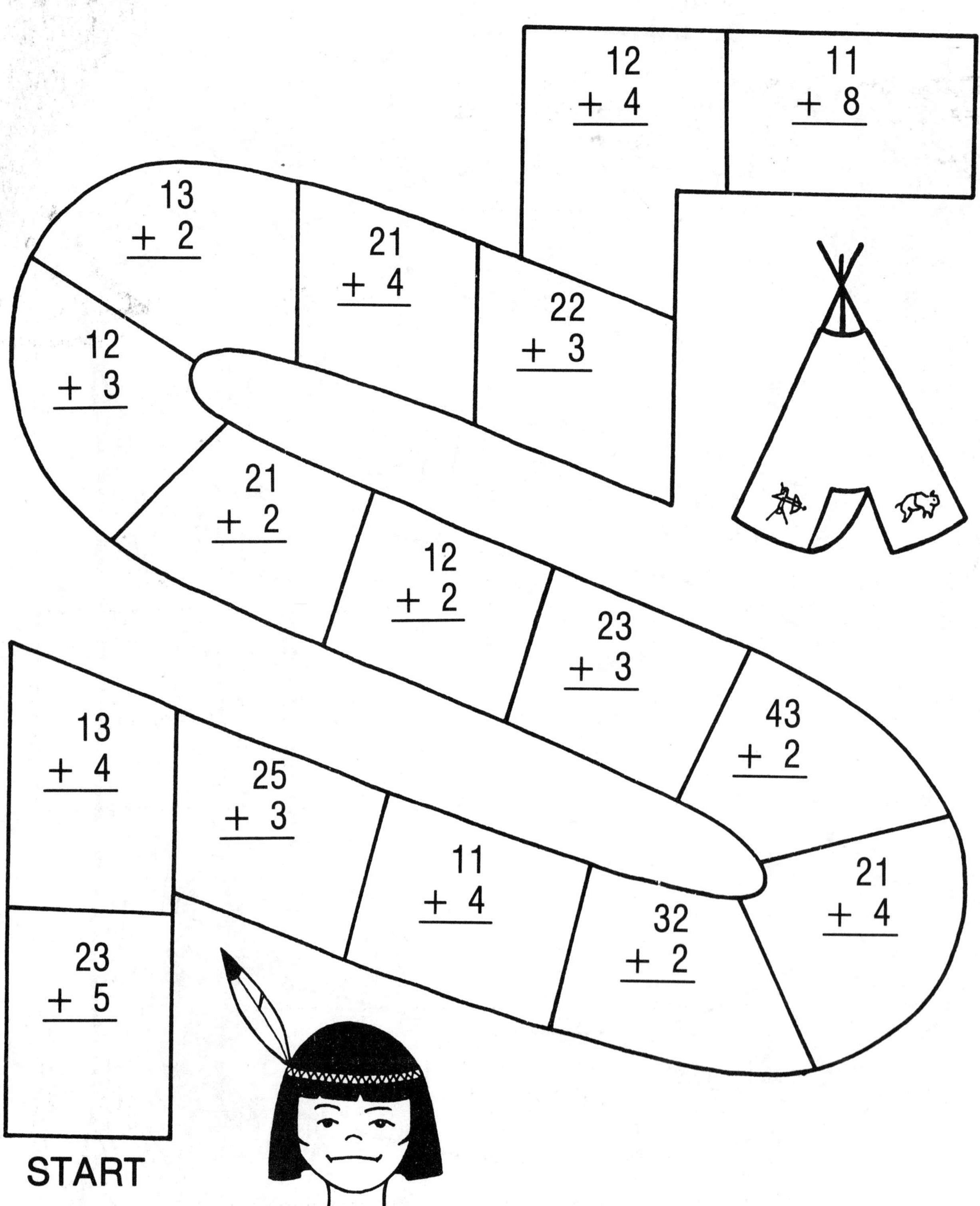

12 + 4
11 + 8
13 + 2
21 + 4
22 + 3
12 + 3
21 + 2
12 + 2
23 + 3
43 + 2
13 + 4
25 + 3
11 + 4
32 + 2
21 + 4
23 + 5
START

Name ______________________________

$7 + 8$	START			

$3 - 2$	$9 - 7$	$6 + 9$	$9 + 3$	$8 - 4$
$8 - 6$	$5 - 4$	$9 + 1$	$6 + 8$	$2 + 9$
$8 + 4$				
$7 + 6$	$3 + 2$	$8 - 5$	$9 - 1$	

Name ______________________________

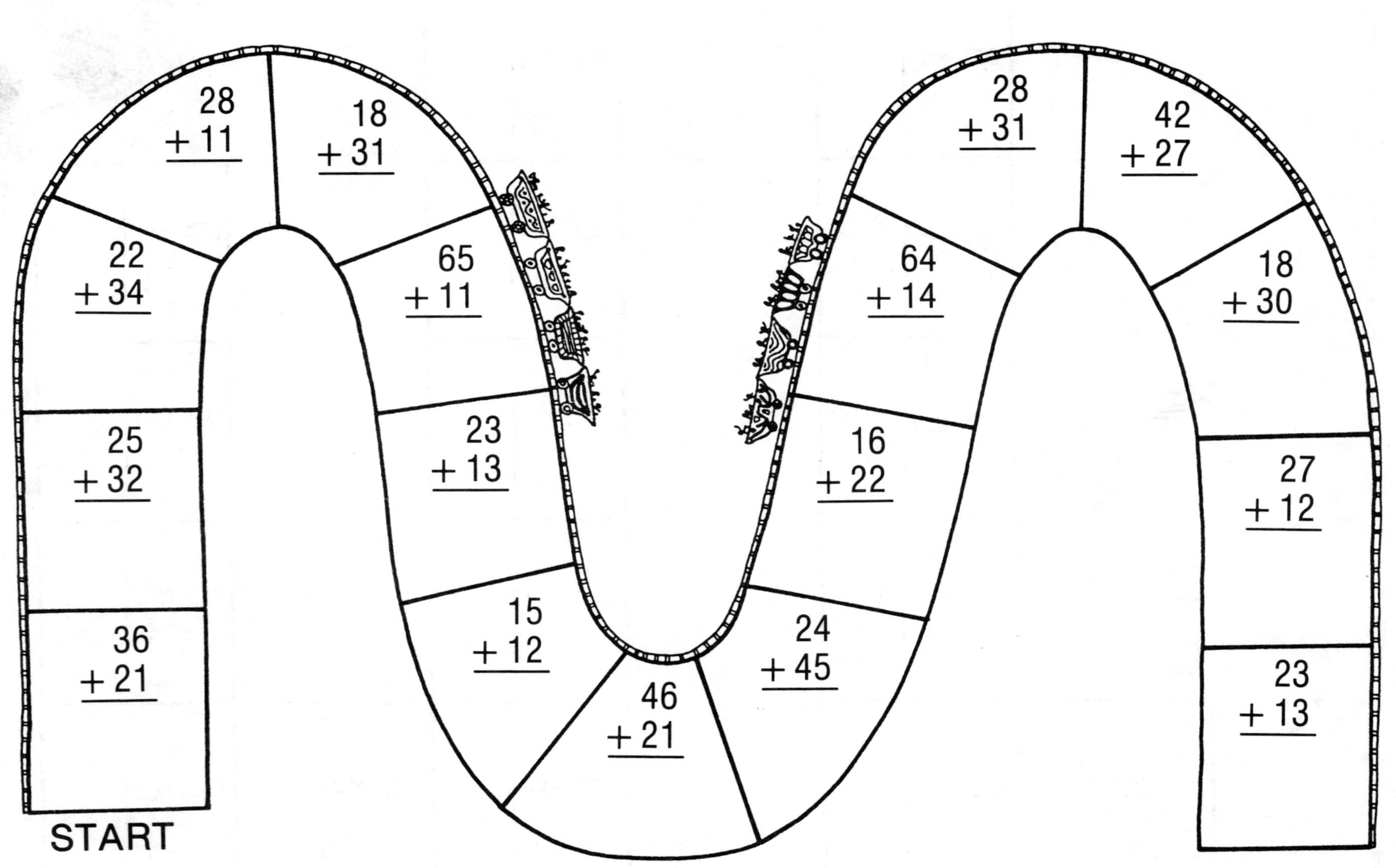

START
36 + 21
25 + 32
22 + 34
28 + 11
18 + 31
65 + 11
23 + 13
15 + 12
46 + 21
24 + 45
16 + 22
64 + 14
28 + 31
42 + 27
18 + 30
27 + 12
23 + 13

Name ______________________________

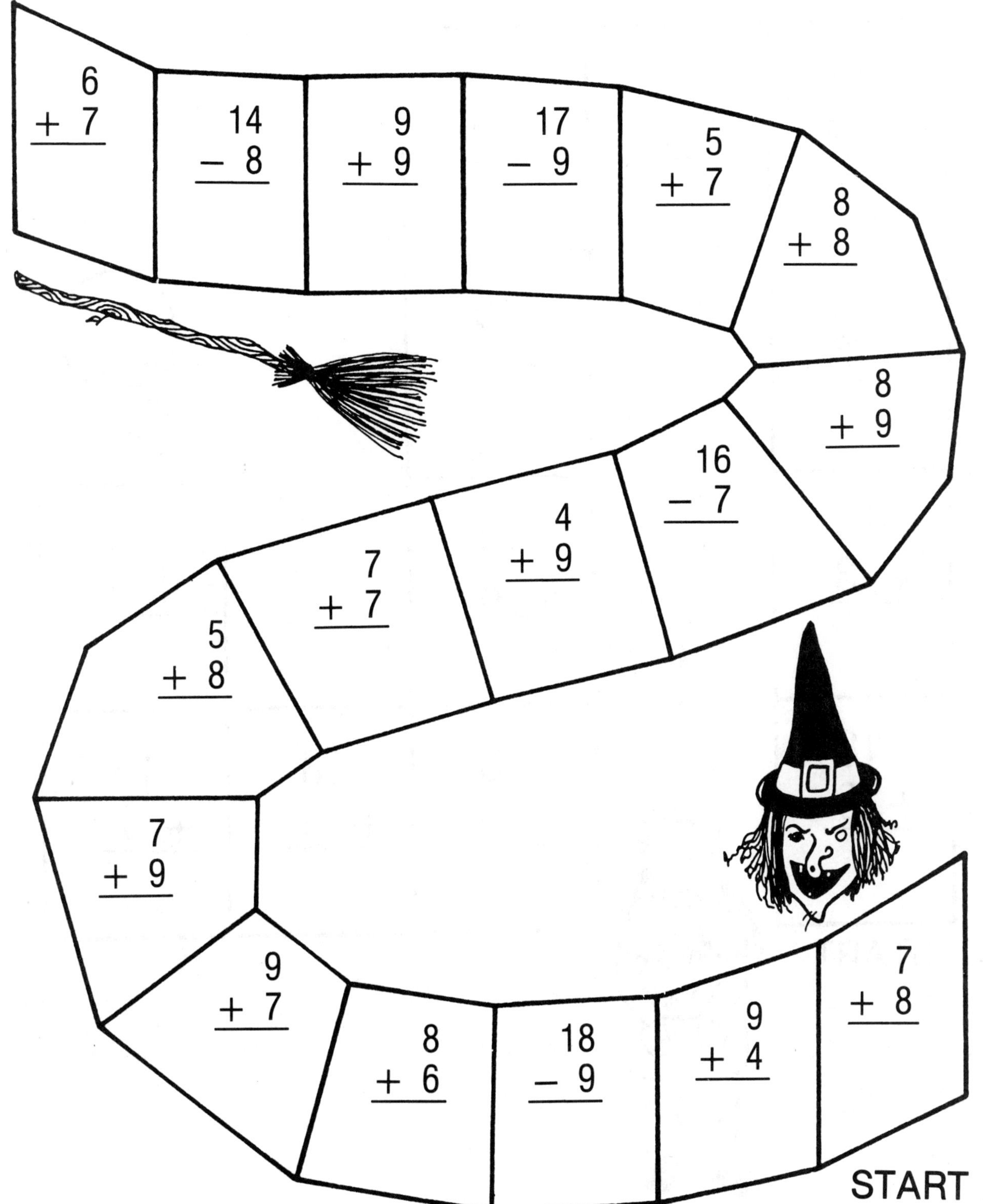
6
+ 7
14
− 8
9
+ 9
17
− 9
5
+ 7
8
+ 8
8
+ 9
16
− 7
4
+ 9
7
+ 7
5
+ 8
7
+ 9
9
+ 7
8
+ 6
18
− 9
9
+ 4
7
+ 8
START

Name ________________________________

18 + 4	17 + 3	15 + 4		
16 + 6		15 + 1		
15 + 3		10 + 8		17 + 8
18 + 6		18 + 3	18 + 8	15 + 7

START

Name ______________________________

START

$$\begin{array}{r} 10 \\ -\ 5 \\ \hline \end{array}$$

$$\begin{array}{r} 11 \\ -\ 4 \\ \hline \end{array}$$

$$\begin{array}{r} 14 \\ -\ 7 \\ \hline \end{array}$$

$$\begin{array}{r} 12 \\ -\ 8 \\ \hline \end{array}$$

$$\begin{array}{r} 18 \\ -\ 0 \\ \hline \end{array}$$

$$\begin{array}{r} 16 \\ -\ 9 \\ \hline \end{array}$$

$$\begin{array}{r} 15 \\ -\ 7 \\ \hline \end{array}$$

$$\begin{array}{r} 18 \\ -\ 6 \\ \hline \end{array}$$

$$\begin{array}{r} 12 \\ -\ 5 \\ \hline \end{array}$$

$$\begin{array}{r} 16 \\ -\ 7 \\ \hline \end{array}$$

$$\begin{array}{r} 11 \\ -\ 7 \\ \hline \end{array}$$

$$\begin{array}{r} 14 \\ -\ 6 \\ \hline \end{array}$$

$$\begin{array}{r} 16 \\ -\ 8 \\ \hline \end{array}$$

$$\begin{array}{r} 12 \\ -\ 6 \\ \hline \end{array}$$

$$\begin{array}{r} 10 \\ -\ 1 \\ \hline \end{array}$$

$$\begin{array}{r} 17 \\ -\ 8 \\ \hline \end{array}$$

Name ____

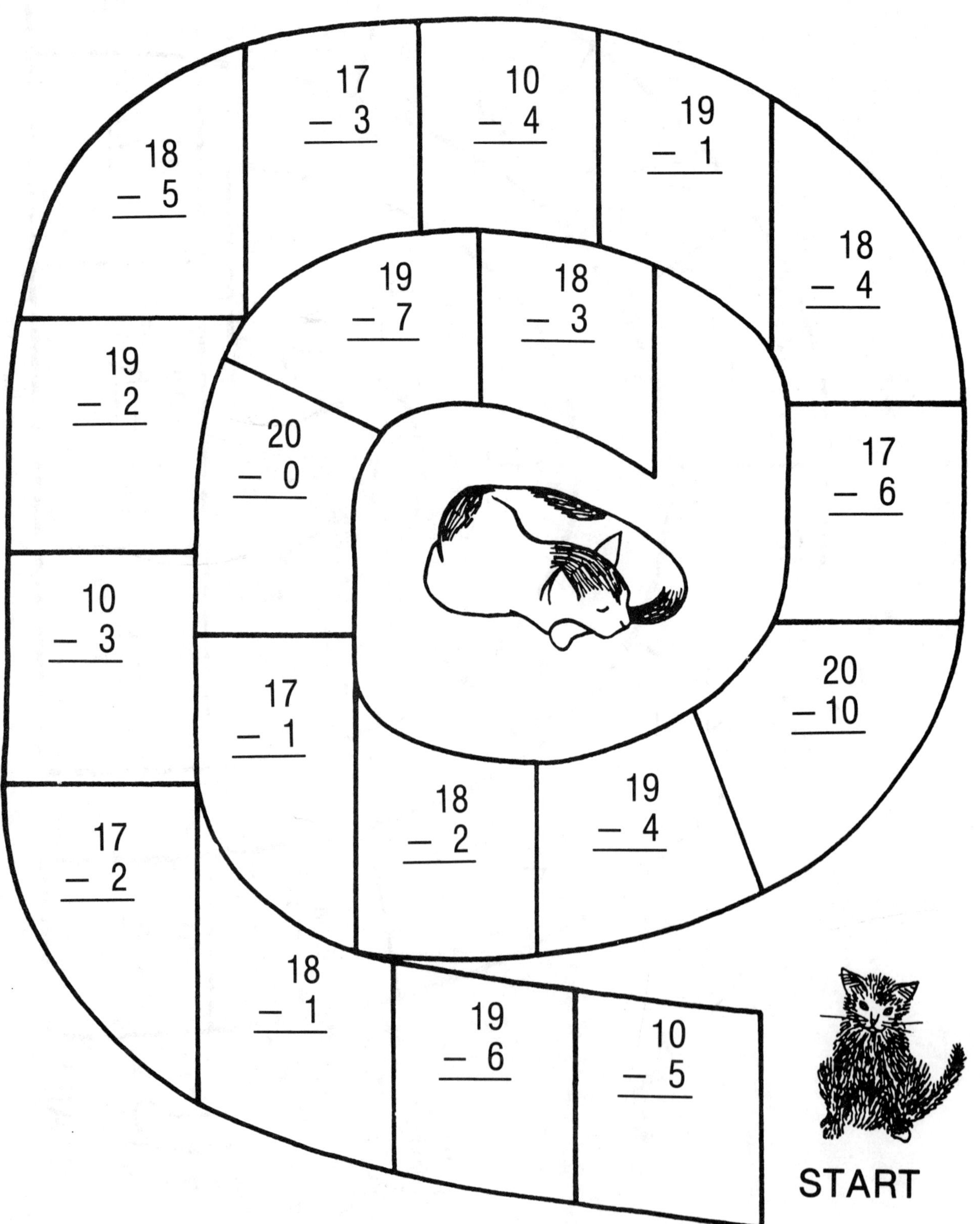
10 − 5
19 − 6
18 − 1
17 − 2
10 − 3
19 − 2
18 − 5
17 − 3
10 − 4
19 − 1
18 − 4
17 − 6
20 − 10
19 − 4
18 − 2
17 − 1
20 − 0
19 − 7
18 − 3
START

Name ______________________________

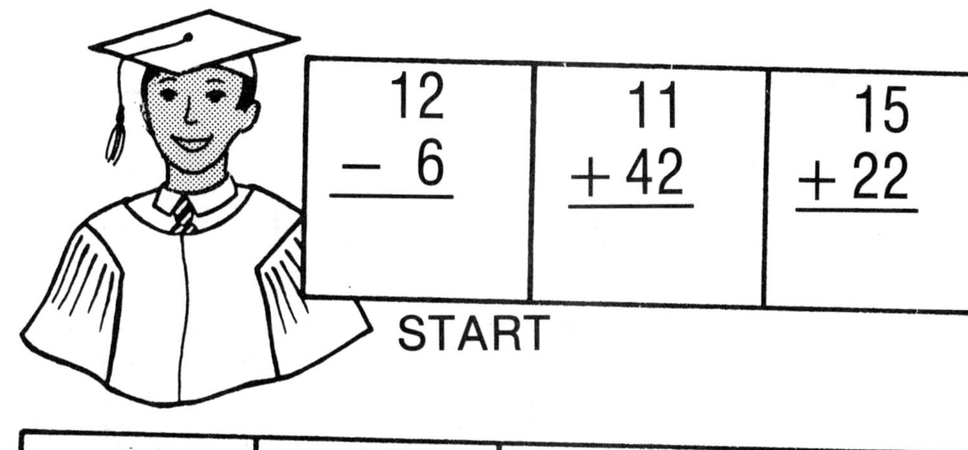

$12 - 6$	$11 + 42$	$15 + 22$	$13 - 7$

START

$14 - 8$

$11 - 4$	$15 + 12$	$13 + 42$	$12 + 16$

$12 - 6$

$14 - 7$	$15 + 14$	$13 - 8$	$12 + 32$

$11 - 2$

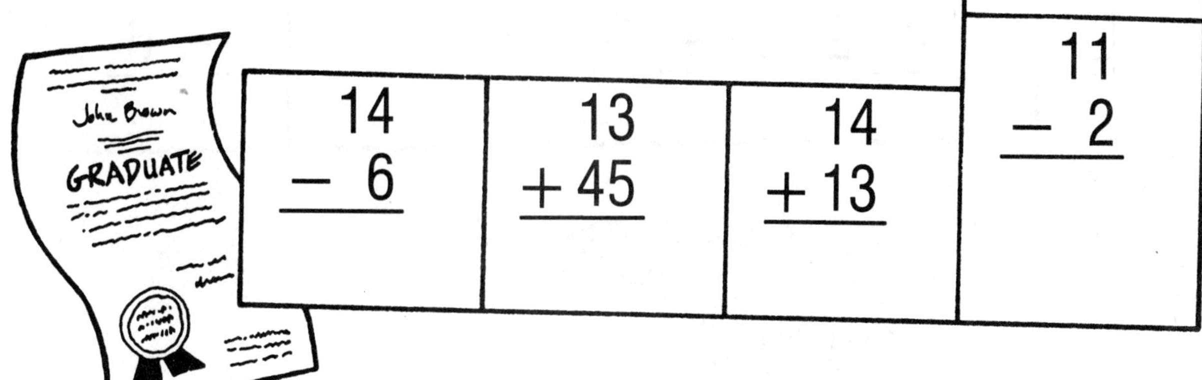
John Brown
GRADUATE

$14 - 6$	$13 + 45$	$14 + 13$

Name ______________________________

$16 - 8$	$27 + 6$	$18 - 9$	$27 + 3$	$19 - 8$
$16 - 7$				$26 + 4$
$19 + 1$	$17 - 8$			$27 - 3$
$18 + 8$	$18 + 6$			$28 + 4$
$17 - 4$	$19 + 2$	$17 + 6$	$19 - 9$	$18 - 6$
$19 + 8$				

START

Name ______________________________

Less than < or greater than >

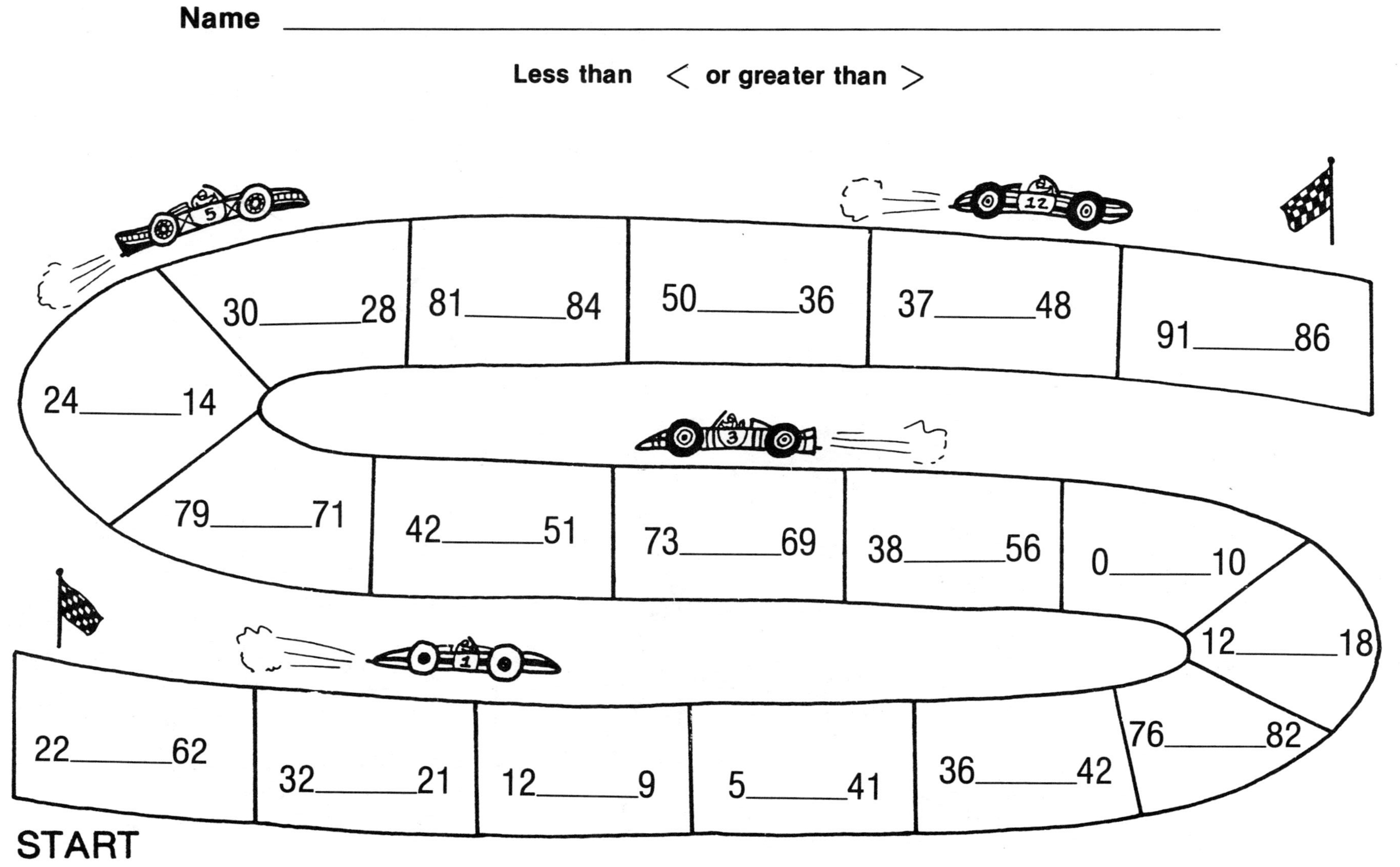
START
22_____62
32_____21
12_____9
5_____41
36_____42
76_____82
12_____18
0_____10
38_____56
73_____69
42_____51
79_____71
24_____14
30_____28
81_____84
50_____36
37_____48
91_____86

Name ______________________________

START
49 + 26
36 + 15
7 + 16
54 + 18
64 + 16
35 + 15
56 + 24
81 + 19
47 + 13
8 + 12
48 + 16
25 + 18
58 + 22
33 + 27
72 + 18
63 + 27
28 + 19
67 + 26
45 + 26
27 + 32
32 + 48
42 + 39

Name ______________________________

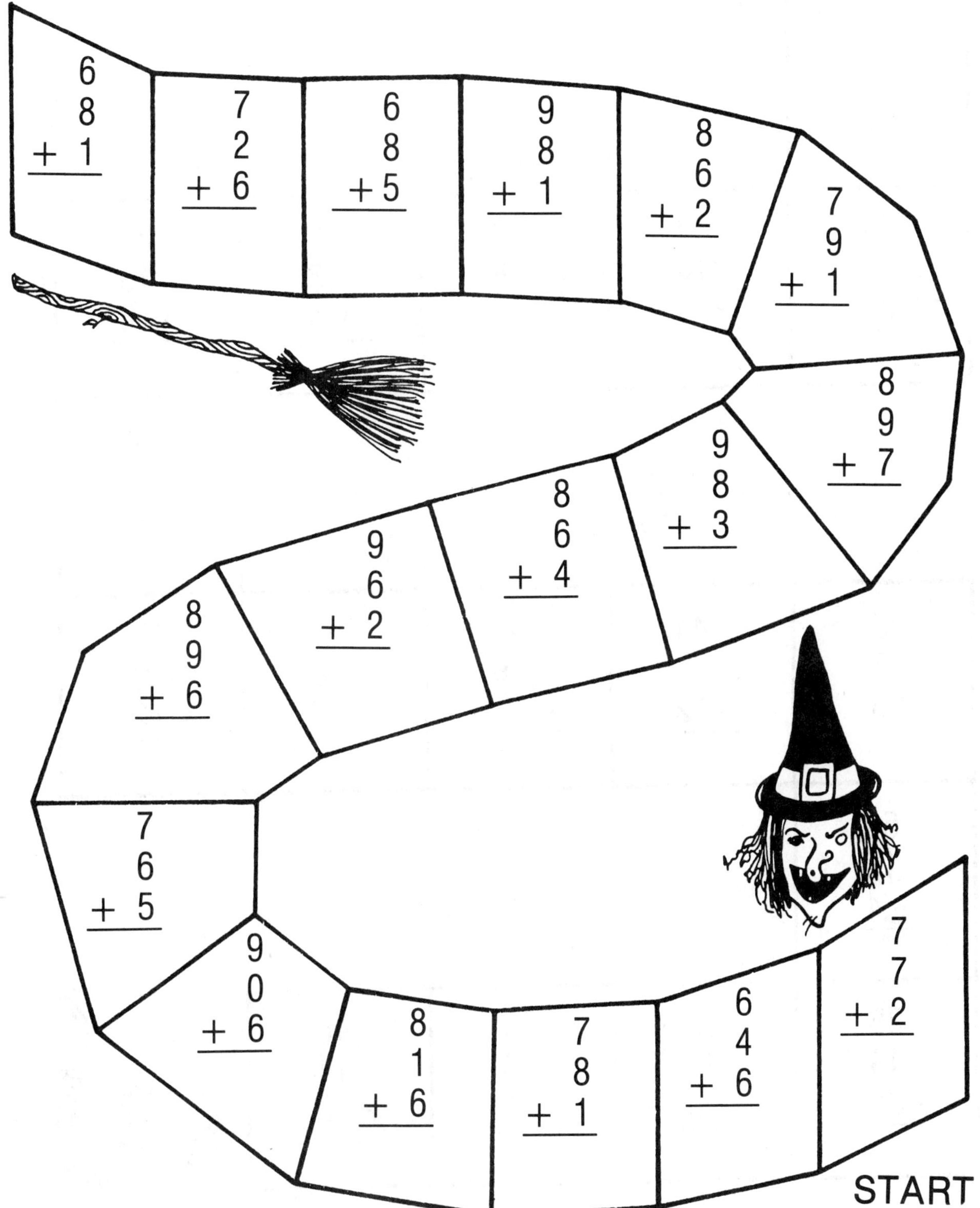

START
7 7 + 2
6 4 + 6
7 8 + 1
8 1 + 6
9 0 + 6
7 6 + 5
8 9 + 6
9 6 + 2
8 6 + 4
9 8 + 3
8 9 + 7
7 9 + 1
8 6 + 2
9 8 + 1
6 8 + 5
7 2 + 6
6 8 + 1

Name ______________________________

5 16 + 21	START			
14 3 + 26	23 10 + 5	32 18 + 9	25 16 + 4	34 15 + 6
				24 2 + 16
33 7 + 16	44 8 + 12	51 9 + 17	54 8 + 17	13 9 + 12
50 18 + 4				
28 14 + 35	15 28 + 6	38 28 + 21	48 14 + 16	

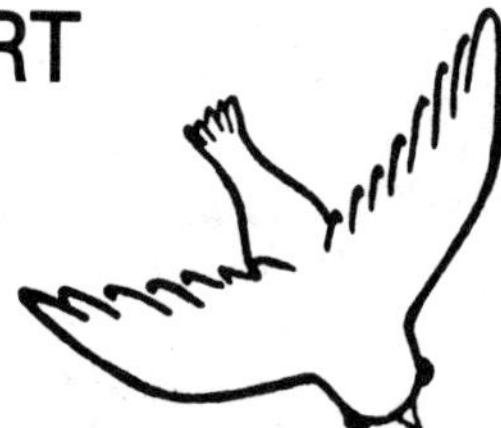

Name ______________________________

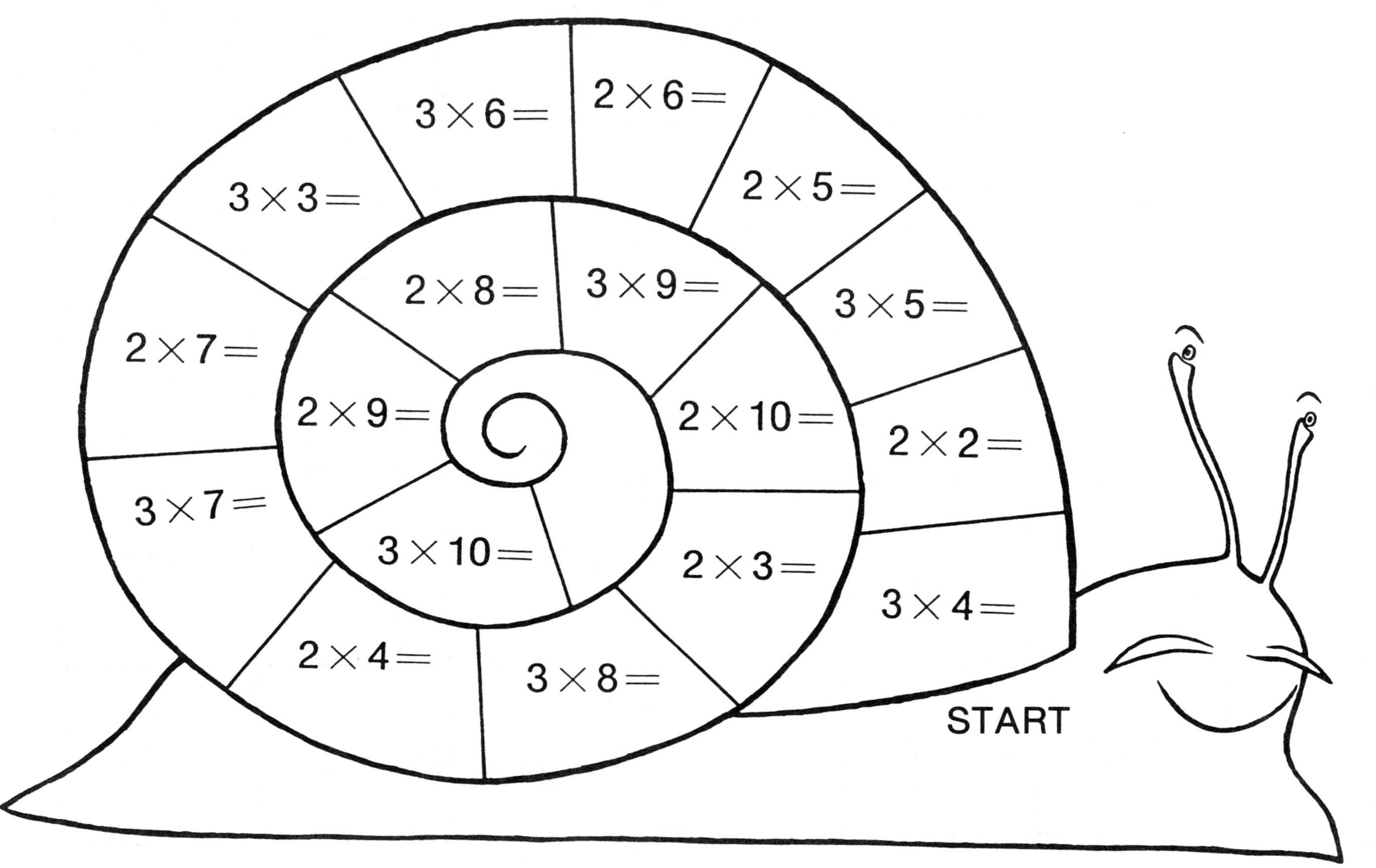
START
3 × 4 =
2 × 2 =
3 × 5 =
2 × 5 =
2 × 6 =
3 × 6 =
3 × 3 =
2 × 7 =
3 × 7 =
2 × 4 =
3 × 8 =
2 × 3 =
2 × 10 =
3 × 9 =
2 × 8 =
2 × 9 =
3 × 10 =

Name ______________________________

START

$4 \times 4 =$

$5 \times 3 =$

$5 \times 5 =$

$4 \times 3 =$

$5 \times 7 =$

$6 \times 5 =$

$5 \times 9 =$

$6 \times 3 =$

$5 \times 2 =$

$4 \times 6 =$

$6 \times 2 =$

$4 \times 10 =$

$5 \times 6 =$

$5 \times 10 =$

$6 \times 8 =$

$4 \times 7 =$

$4 \times 9 =$

$6 \times 9 =$

$4 \times 5 =$

$6 \times 4 =$

$6 \times 6 =$

$6 \times 10 =$

$4 \times 8 =$

$5 \times 4 =$

$6 \times 7 =$

Name ____________________

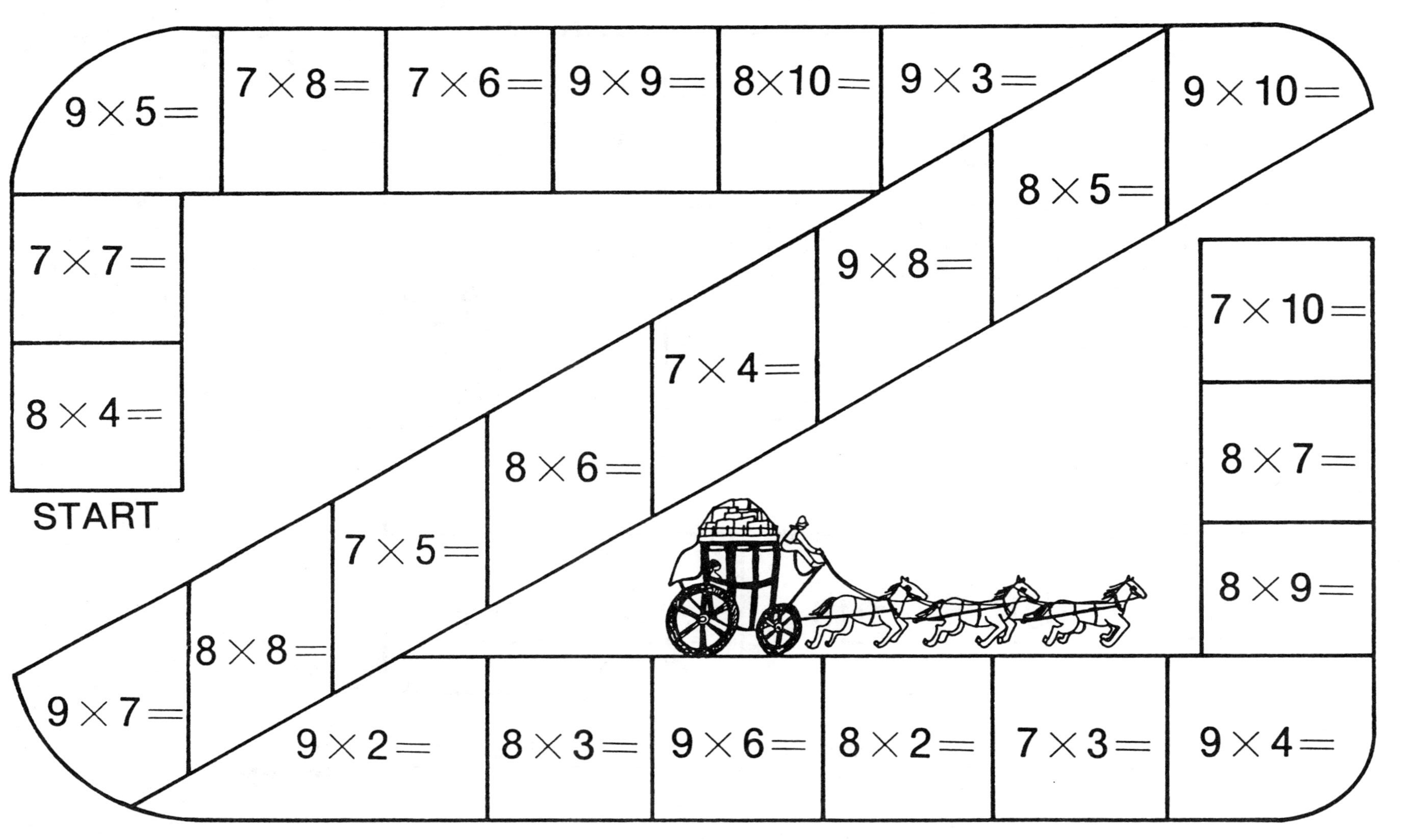
START
8 × 4 =
7 × 7 =
9 × 5 =
7 × 8 =
7 × 6 =
9 × 9 =
8×10 =
9 × 3 =
9 × 10 =
8 × 5 =
9 × 8 =
7 × 4 =
8 × 6 =
7 × 5 =
8 × 8 =
9 × 7 =
9 × 2 =
8 × 3 =
9 × 6 =
8 × 2 =
7 × 3 =
9 × 4 =
8 × 9 =
8 × 7 =
7 × 10 =

Name ______________________________

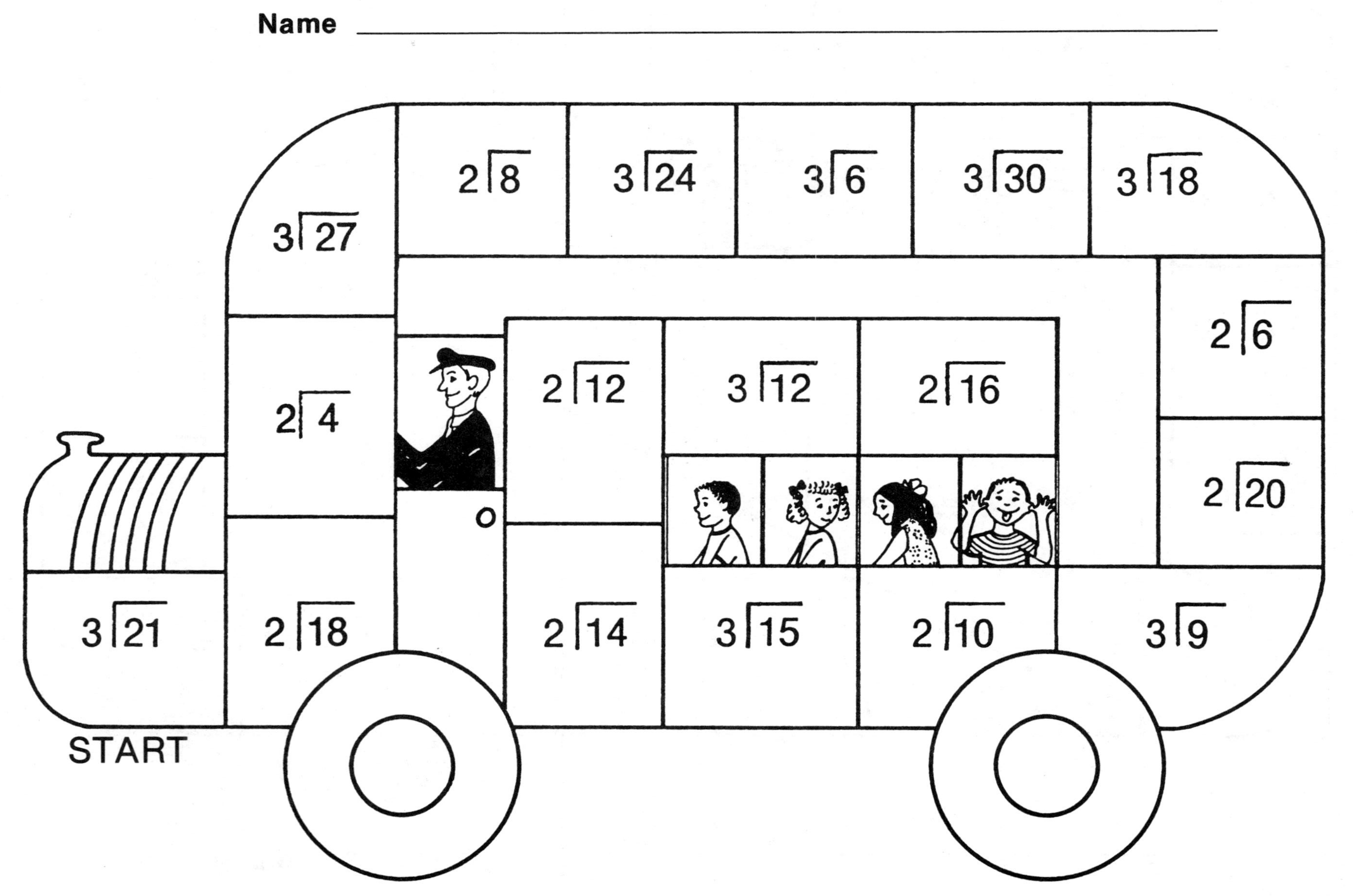
START
3⟌21
2⟌18
2⟌4
3⟌27
2⟌8
3⟌24
3⟌6
3⟌30
3⟌18
2⟌6
2⟌20
3⟌9
2⟌10
3⟌15
2⟌14
2⟌12
3⟌12
2⟌16

Name ______________________________

REACH YOUR GOAL

$5\overline{)10}$

$5\overline{)45}$

$5\overline{)5}$ | $5\overline{)40}$ | $4\overline{)4}$ | $4\overline{)28}$ | $4\overline{)36}$

$5\overline{)50}$

$4\overline{)32}$ | $5\overline{)35}$ | $4\overline{)8}$ | $5\overline{)15}$

$4\overline{)16}$

$5\overline{)20}$ | $5\overline{)30}$ | $4\overline{)20}$

$4\overline{)24}$ | $5\overline{)25}$

START

Name ______________________________

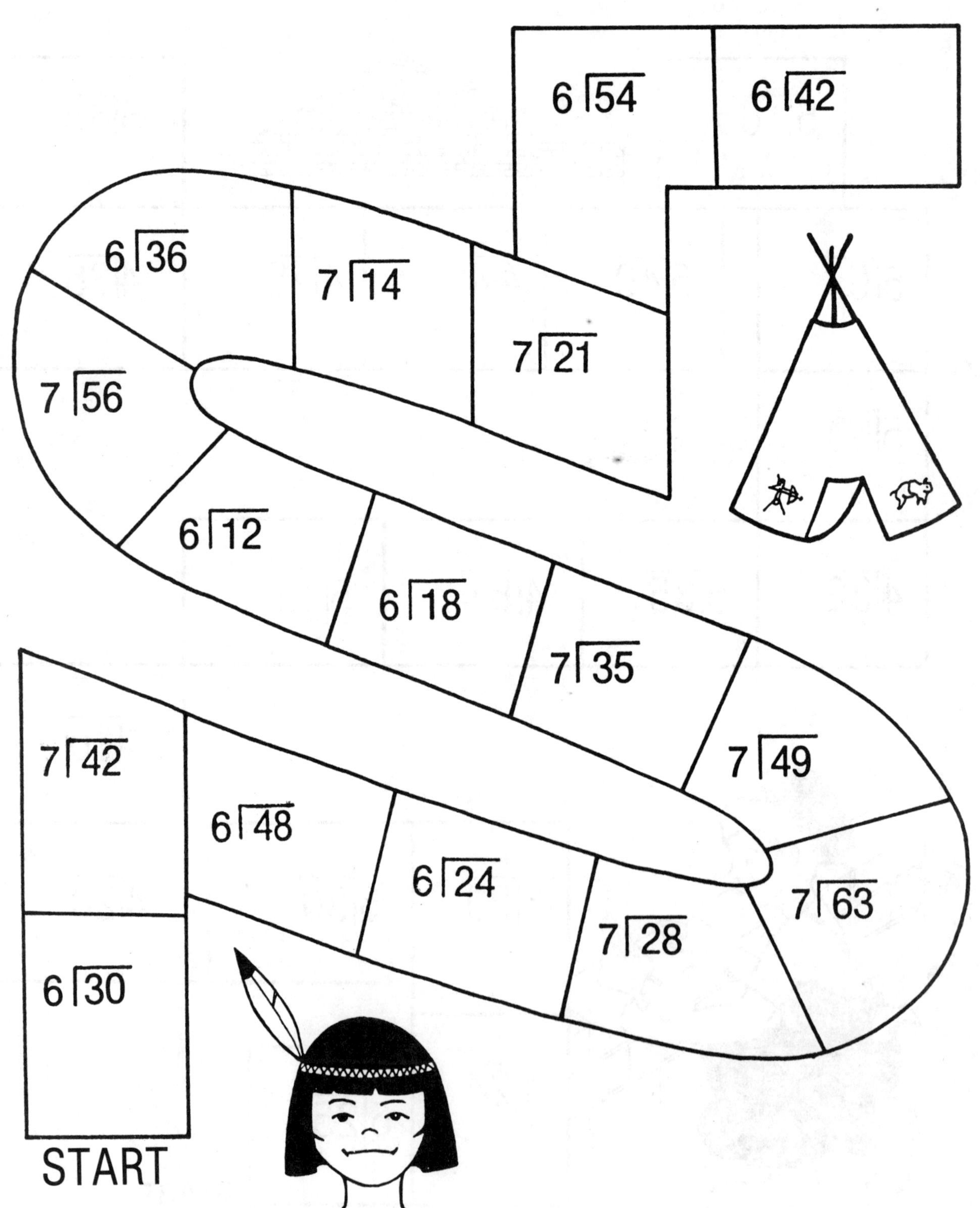

6 |54
6 |42
6 |36
7 |14
7 |21
7 |56
6 |12
6 |18
7 |35
7 |42
6 |48
7 |49
6 |24
7 |28
7 |63
6 |30
START